Die Monate des Jahres

Wann hast du Geburtstag? Hier siehst du alle zwölf Monate des Jahres auf einen Blick.

Kannst du in diesem Jahreskalender deinen Geburtstagsmonat entdecken?

Die Jahreszeiten

Wir teilen das Jahr nicht nur in Monate auf, wir unterscheiden auch die Jahreszeiten Frühling, Sommer, Herbst und Winter. In jeder Jahreszeit zeigt sich die Natur anders. Erkennst du die vier Jahreszeiten?

In jeder Jahreszeit gibt es besondere Feste. Im Frühling feiern wir Ostern, im Sommer gibt es überall Dorf- und Stadtfeste. Erntedank und St. Martin feiern wir im Herbst. Im Winter feiern wir ein sehr großes Fest – Weihnachten. Kennst du noch andere Feste im Jahr?

Der Jahreskreis

Neben dem Jahreskalender mit seinen zwölf Monaten gibt es noch einen anderen Kalender. Wir nennen ihn den christlichen Jahreskreis oder das Kirchenjahr. Denn die meisten Feste, die wir im Laufe eines Kalenderjahres feiern, sind christliche Feste. Das bedeutet, dass sie uns immer auch von Gott und Jesus erzählen.
Nicht nur die Christen haben einen besonderen Kalender. Auch Muslime oder Juden haben eigene Religionskalender, die zu unterschiedlichen Zeiten beginnen.

Das Kirchenjahr erinnert uns an das Leben von Jesus: Wie er geboren und groß wurde. Wie er den Menschen von Gott erzählte. Wie er starb und auferstand, und was danach geschah. Anders als der Jahreskalender beginnt das Kirchenjahr Ende November oder Anfang Dezember, am 1. Adventssonntag.

Der Advent

Mit dem Anzünden der ersten Kerze des Adventskranzes beginnt das Kirchenjahr und zugleich eine ganz besondere Zeit: das Warten auf Weihnachten. An jedem der vier Sonntage im Advent wird eine weitere Kerze angezündet. Wenn auch die vierte Kerze brennt, ist der Heilige Abend, an dem wir die Geburt von Jesus feiern, schon ganz nah. Advent heißt auch Ankunft. Wir meinen damit die Ankunft von Jesus bei den Menschen.
Aus Freude über das bevorstehende Weihnachtsfest wird der Adventskranz in vielen Familien besonders schön geschmückt. Frische Tannenzweige werden zu einem Kranz gebunden, der mit Sternen, Engeln und Äpfelchen verziert wird.

Wie die Zeit bis Weihnachten vergeht, kannst du auch an deinem Adventskalender beobachten. Am ersten Dezember öffnest du die erste Tür deines Kalenders. Bis zum Weihnachtsabend am 24. kannst du dich nun jeden Tag über eine kleine Überraschung freuen.

Barbara-Tag

Im Advent schneiden manchen Leute Zweige von den Bäumen und stellen sie ins Wasser. Die Zweige erinnern uns an die heilige Barbara, die vor langer Zeit lebte. Sie wurde zum Tode verurteilt, weil sie Christin war. Das war damals verboten. Auf dem Weg in ihr dunkles Gefängnis pflückte sie einen Zweig von einem Kirschbaum und stellte ihn in ihrer Gefängniszelle in einen Becher. Am Tage ihrer Hinrichtung erblühte der Zweig wunderschön. Barbara nahm das als Zeichen dafür, dass Gott sie lieb hatte, auch über den Tod hinaus. Sie starb ohne Angst. Und deshalb stellen wir am 4. Dezember, dem Barbara-Tag, Kirschzweige in eine Vase. Probier es doch mal aus. Bestimmt erblüht auch dein Zweig zu Weihnachten.

Luzia-Tag

In diesen Tagen gibt es noch einen weiteren wichtigen Tag: den Luzia-Tag am 13. Dezember. Der Name Luzia bedeutet: die Lichtvolle. Luzia sagt uns: Auch mitten im Winter, wenn es kalt und dunkel ist, gibt es Licht für uns. Und Christen meinen damit Jesus.

Nikolaus-Tag

Den wichtigsten Heiligen in der Adventszeit kennst du bestimmt: Es ist Nikolaus. Ihn feiern wir am 6. Dezember und denken an seine vielen guten Taten. Nikolaus war ein großzügiger Mann, der mit anderen teilte, was er selbst besaß, und besonders armen und hungernden Menschen zu essen gab. Wir erinnern uns an seine Freundlichkeit, indem auch wir uns gegenseitig mit Süßigkeiten beschenken.

Nikolaus war schon einige Zeit Bischof in der Stadt Myra, als es dort eine große Hungersnot gab. Schon im vergangenen Jahr war die Ernte schlecht gewesen, alle Vorräte aus dem letzten Jahr waren verbraucht und die Menschen hatten auf die neue Ernte gehofft. Aber ein Unwetter zerstörte das Getreide und Gemüse auf den Feldern und das Obst an den Bäumen. Es gab nichts zu essen. Besonders hart traf es die Kinder. Jeden Tag kamen Menschen zu Nikolaus, um ihn um Hilfe zu bitten. Bald aber hatte auch er nichts mehr zu verschenken.

Eines Tages segelte ein großes Schiff in den Hafen von Myra. Schnell sprach es sich herum: An Bord des Schiffes lagerten große Mengen an Getreide und anderen Vorräten. Nikolaus eilte zu dem Schiff, um dem Kapitän einige der Vorräte abzukaufen. Der Kapitän aber lehnte ab: „Ich kann dir nichts verkaufen. Ich muss die Ware vollständig zu meinem Herrn bringen. Wenn auch nur ein Sack fehlt, werde ich hart bestraft." Nikolaus redete mit ihm, handelte und feilschte, bis der Kapitän schließlich nachgab und Nikolaus zwei seiner Getreidesäcke übergab. „Danke", sagte Nikolaus, „du wirst sehen, du wirst für deine Güte belohnt." Er nahm das Getreide und verteilte es unter den Hungernden. Und wie durch ein Wunder reichte es für alle, um satt zu werden.

Die größte Überraschung aber erlebte der Kapitän auf dem Segelschiff. Nachdem er von Myra abgereist war, wuchsen seine Ängste und Sorgen, jemand könnte das Fehlen der zwei Getreidesäcke bemerken. Als er aber bei seinem Dienstherrn ankam und die Ladung gezählt wurde, fehlte nicht ein Sack Getreide.

Weihnachten

Weihnachten ist das beliebteste Fest der Christen. Es beginnt am 24. Dezember mit Heiligabend und dauert an bis zum 26. Dezember, dem zweiten Weihnachtstag. Bestimmt feiern viele Leute, die du kennst, Weihnachten. Aber jeder feiert es ein klein wenig anders. Für die eine Familie gehört eine Krippe unbedingt dazu. Die anderen finden den bunt geschmückten Weihnachtsbaum am schönsten und wieder andere meinen, das Wichtigste ist die festliche Weihnachtsmesse in der Heiligen Nacht. Kannst du dich noch an das letzte Weihnachtsfest erinnern? Was hast du da erlebt?

Kennst du den Grund für all die Vorbereitungen zu Weihnachten, für das Aufstellen des Weihnachtsbaums und der Krippe, den festlichen Tisch und die liebevoll verpackten Geschenke? Es ist die Geburt eines Babys vor ungefähr 2000 Jahren. Zu dieser Zeit wurde Jesus, Gottes Sohn, geboren. Als Maria, seine Mutter, mit ihm schwanger war, musste sie gemeinsam mit ihrem Verlobten Josef nach Betlehem reisen. Maria fiel die Reise sehr schwer. Es war anstrengend, mit so einem dicken Bauch jeden Tag viele Kilometer zu laufen.

Als sie schließlich in Betlehem ankamen, hatten sie großes Pech. Es gab keine freie Unterkunft in der ganzen Stadt. Alle Zimmer waren schon belegt, nirgends gab es ein leeres Bett. Nur ein Gastwirt, der erkannte, dass Maria bald ihr Baby bekommen würde, hatte eine gute Idee. Er brachte Maria und Josef in einen warmen Stall. Hier konnten sie im Stroh schlafen. Es war warm und recht gemütlich und freundlich schnaubende Kühe und Esel gab es auch.

Maria legte sich ins Stroh und schlief vor Erschöpfung ein. Dann kam in der Nacht das Baby. Maria und Josef freuten sich sehr und gaben ihm den Namen Jesus. Sie badeten ihn und wickelten ihn in saubere Tücher. Damit das Baby sich wohl fühlte, legten sie es in die mit Stroh gefüllte Futterkrippe der Tiere. Sie war gerade so groß, dass das Jesus-Baby darin gut schlafen konnte.

Als Maria und Josef sich nach dieser Aufregung gerade wieder schlafen legen wollten, klopfte jemand zart an ihre Tür. Sie riefen: „Ja, bitte?“ und herein kamen einige zerlumpt aussehende Männer. Eigentlich hätte Maria sich vor ihnen fürchten müssen, aber weil sie sehr freundliche Gesichter machten und niederknieten, als sie das Jesuskind sahen, hatte Maria keine Angst. Neugierig war sie aber schon, deshalb fragte sie: „Was führt euch zu uns?“

Einer der Männer begann zu erzählen: „Wir sind Hirten. Wir waren wie jede Nacht auf dem Feld bei unseren Schafen, als plötzlich der Himmel leuchtete und wir alle eine seltsame wunderschöne Musik hörten. Das Licht wurde immer heller und auf einmal kam eine Gestalt wie ein Engel auf uns zu und sagte: ‚Nicht weit von hier ist ein Kind in einem Stall geboren. Dieses Kind ist euer zukünftiger König und Retter.‘ Wir wussten nicht genau, was der Engel meinte, aber wir fühlten, dass etwas Besonderes passiert war. Also haben wir uns auf den Weg gemacht, um das Kind zu finden. Wir sind glücklich, es zu sehen. Wie heißt es denn?“ „Sein Name ist Jesus“, antwortete Maria und lachte, weil sie sich über den Besuch der Hirten freute.

So wie die Hirten sich über die Geburt von Jesus freuten und ihm kleine Geschenke brachten, zeigen auch wir an Weihnachten unsere Freude über Jesus, Gottes Sohn. Deshalb schenken wir allen Leuten, die wir lieb haben, etwas zu Weihnachten und teilen unsere Freude mit ihnen.
An die Geburt Jesu denken wir besonders in der Christmette um Mitternacht am Heiligen Abend. Sie ist wunderschön festlich und viele Menschen helfen mit, um daraus ein besonderes Erlebnis für alle zu machen.

Stefans-Tag

Der zweite Weihnachtstag, der 26. Dezember, ist dem heiligen Stephanus gewidmet. Er war der erste Märtyrer der Christen. Märtyrer heißt: für Jesus einstehen, komme, was wolle – selbst wenn man mit dem Tod bedroht wird. In vielen Ländern wird der Stefans-Tag mit besonderen Bräuchen gefeiert.

Silvester und Neujahr

Kaum hat das Kirchenjahr der Christen begonnen, endet das Kalenderjahr. „Schon wieder geht ein Jahr zu Ende“, sagen die Erwachsenen. „Was uns das neue wohl bringt?“, fragen viele Menschen. Der Jahreswechsel vom 31. Dezember (Silvester) zum 1. Januar gibt Anlass, über das vergangene und das kommende Jahr nachzudenken. Und damit man vom alten Jahr fröhlich Abschied nehmen und das neue mit Freude begrüßen kann, feiern viele Leute eine Silvesterparty.

Wenn dann um Mitternacht das neue Jahr beginnt, kannst du die vielen bunten Raketen am Himmel bestaunen. Früher glaubten die Menschen, dass sie mit den vielen bunten Lichtern und dem lauten Krach, den sie zu Silvester machten, die bösen Geister vertreiben konnten. Heute glauben die Menschen zwar nicht mehr an Geister, aber den Brauch, an Silvester zu feiern und ein Feuerwerk zu machen, mögen sie immer noch gern. Darfst du am Silvesterabend auch ganz lange aufbleiben?

Hl. Drei Könige

Damals in Betlehem besuchten noch andere den neugeborenen Jesus in der Krippe: die Heiligen Drei Könige. Diese weisen Könige hatten den Sternenhimmel in ihrem Land, weit fort von Betlehem, beobachtet und einen Stern entdeckt, der neu war am Himmel. Er strahlte heller als alle anderen, und seltsam: Er schien sie zu rufen. Die drei Männer folgten dem Ruf und machten sich auf den Weg. Sie wussten, dass ein besonderer Stern die Geburt eines mächtigen Königs bedeutet. In Betlehem angekommen, wunderten sie sich, dass der Stern direkt über einem Stall schien. Aber sie nahmen ihre Geschenke mit und gingen hinein. Sie sahen das Baby Jesus in der Krippe liegen und sie fühlten nun genau: Hier ist ein besonderer König für alle Menschen geboren. Als Zeichen ihrer großen Verehrung und Freude gaben sie Maria die Geschenke für das Baby: Weihrauch, Gold und Myrrhe, das Kostbarste, das sie geben konnten.

Bei uns gibt es am Dreikönigstag, dem 6. Januar, einen guten Brauch. Im ganzen Land verkleiden sich dann Kinder wie Könige. Man nennt sie Sternsinger, weil sie den Stern von Betlehem als gebastelten Stern mit sich tragen und von Haustür zu Haustür ziehen. Sie klingeln bei allen Leuten, singen ein Lied über die Heiligen Drei Könige und bitten um eine Spende. Mit dem gesammelten Geld wird anderen Kindern, denen es schlecht geht, geholfen. Viele Kinder auf der Welt haben kaum etwas zu essen, schlechte Kleidung und nicht die Möglichkeit zu spielen und in den Kindergarten oder in die Schule zu gehen. Mit dem Geld der Sternsinger kann für sie Essen und Kleidung gekauft oder sogar eine Schule gebaut werden.

Fasching

Möchtest du manchmal jemand anders sein? Einmal im Jahr, fast immer im Februar, kannst du dir diesen Wunsch erfüllen, denn dann ist Fasching. In manchen Gegenden sagen die Leute zu diesem Fest auch Karneval oder Fastnacht. An diesen tollen Tagen kann man sich nach Herzenslust verkleiden. Auf den Straßen sieht man die lustigsten Gestalten: Außerirdische, Indianer und sogar große Kaninchen auf zwei Beinen sind unterwegs. In vielen Städten finden Umzüge statt. Große Wagen, auf denen viele Leute Platz haben, ziehen durch die Straßen. Laute Musik spielt und die Menschen singen und freuen sich und machen eine Menge Spaß.

Valentinstag

In diese Zeit hinein fällt auch der Valentinstag am 14. Februar. An diesem Tag schenken sich verliebte Leute Blumen. Haben sich deine Eltern dann auch schon einmal Blümchen geschenkt? Fast alle Menschen freuen sich, wenn sie Blumen geschenkt bekommen. Jemand, der das genau wusste, war Valentin. Vor langer, langer Zeit war er Bischof. Weil er jungen Paaren immer kleine Blumensträußchen aus seinem Klostergarten schenkte, gilt er heute noch als Beschützer der Verliebten.

Aschermittwoch

Gleich nach Fasching, am Aschermittwoch, beginnt die Fastenzeit. An diesem Tag gehen viele in die Kirche, um sich auf das Fasten vorzubereiten. Sie bekommen vom Priester ein Kreuz aus Asche auf die Stirn gezeichnet. Dazu sagt der Priester: „Bedenke Mensch, dass du Staub bist und wieder zu Staub zurückkehrst.“ Hast du schon einmal beobachtet, wie schnell etwas im Feuer verbrennt und zu Asche wird? Der Priester sagt mit seinen Worten: Jeder Mensch muss sterben, so wie im Feuer alles stirbt und zu Asche wird.

Die Fastenzeit

Die Fastenzeit dauert 40 Tage. Weißt du, warum? Jesus hat 40 Tage in der Wüste gefastet, um sich vorzubereiten auf seine Begegnungen mit den Menschen, denen er von Gott erzählen wollte. Um diese Arbeit besonders gut machen zu können, wollte er eine Zeit der Ruhe und des Nachdenkens haben und überlegen, was besonders wichtig ist im Leben. Er aß sehr wenig und konzentrierte sich ganz auf Gott. Genauso machen es die Menschen, die heute fasten, auch. Sie verzichten in diesen 40 Tagen auf Dinge, die ihnen sehr lieb sind, wie gutes Essen, Zigaretten oder Kino. Sie versuchen in dieser Zeit ihre Kräfte zu sammeln und Gott nahe zu sein. In allen Religionen gibt es übrigens solche Fastenzeiten. Bei den Muslimen heißt diese Zeit Ramadan.

Palmsonntag

Immer wenn ein beliebter Mensch oder ein Filmstar oder ein wichtiger Politiker irgendwohin kommt, stellen sich die Leute auf die Straße, um den berühmten Menschen zu sehen und ihm zuzujubeln.

Jesus haben die Menschen auch zugejubelt, damals vor langer Zeit. Sie winkten mit großen Blättern und Palmzweigen.

Die Menschen mochten Jesus, denn er half ihnen. Wenn sie hungrig waren, gab er ihnen etwas zu essen. Wenn sie krank waren, machte er sie wieder gesund. Wenn jemand schlecht gelaunt oder sogar gemein war, hatte er ihn erst recht

besonders lieb. Wenn jemand traurig war, tröstete er ihn. Stets sagte er den Leuten: Habt keine Angst, Gott ist immer bei euch. Jesus konnte Sachen tun wie sonst keiner. Und so wurde Jesus im ganzen Land bekannt. Als die Leute hörten, dass er in die Hauptstadt Jerusalem kommen sollte, liefen sie zum Stadtrand und warteten. Und dann kam Jesus. Er ritt auf einem Esel. Mühsam musste er sich einen Weg durch die Leute bahnen. Am Sonntag vor Ostern, dem Palmsonntag, denken wir daran. Dann spielen wir diesen Zug nach, manchmal ziehen Kinder mit Zweigen und geschmückten Stöcken um die Kirche herum und durch die Kirche.

Gründonnerstag

Leider gab es damals mächtige Menschen, die Jesus einsperren wollten. Sie sagten: „Die Leute hören nur noch auf Jesus und nicht mehr auf uns.“
Jesus wusste, dass er in Gefahr war und nicht mehr lange mit seinen Freunden zusammen sein konnte. Und so feierte er mit ihnen ein letztes Festessen. Daran denken wir an Gründonnerstag.

Vor dem Essen wusch Jesus allen seinen Freunden die Füße. Diese Arbeit mussten damals Diener machen: Wer will schon dreckige Füße abwaschen? Petrus, sein bester Freund, wollte deshalb nicht, dass Jesus ihm die Füße wusch. Aber Jesus sagte zu ihm: „Ihr müsst freundlich und lieb zueinander sein. Und ihr müsst euch um einander kümmern. So wie ich gerade.“

Dann kam das Abschiedsessen. Jesus teilte das Brot und den Wein aus. Und er sagte zu seinen Freunden. „Auch wenn ich nicht mehr lebe, verlasse ich euch nicht. Wenn ich tot bin, könnt ihr mich nicht mehr sehen, aber ihr könnt mich spüren." Immer wenn Menschen im Gottesdienst das Abendmahl feiern, das heilige Brot essen und den Wein trinken, erinnern sie sich an Jesus und sein letztes Abendessen mit seinen Freunden. Dann können sie Jesus spüren. Und sie fühlen: „Auch wir sind Freunde von Jesus."

Warst du schon einmal am Gründonnerstag in der Kirche? Dann gibt es nämlich abends einen feierlichen Gottesdienst, an dem wir besonders an dieses Mahl denken. Die Leute werden ernst und nachdenklich. Denn nach Gründonnerstag kommt der Karfreitag.

Karfreitag

Der Karfreitag ist ein trauriger Tag für alle Christen. Wir denken an Jesus, der an diesem Tag gestorben ist.
Nachdem Jesus mit seinen Freunden sein letztes Festmahl gefeiert hat, kommen Soldaten und sperren ihn ein. Jesus hat Angst. Er hat nichts Böses gemacht, doch seine Feinde bringen ihn vor Gericht und verurteilen ihn zum Tod.
Danach muss Jesus ein großes Holzkreuz ganz allein durch die Straßen schleppen. Seine Freunde sind aus Angst geflohen. Die Leute lachen Jesus aus. Auf einem Berg nageln Soldaten Jesus an das Kreuz aus Holz. Jesus stirbt.

Am Karfreitag treffen sich viele Leute nachmittags in der Kirche. Es ist ein stiller und ernster Gottesdienst ohne Musik, wie bei einer Beerdigung. Gut, dass wir wissen: Jesus ist nicht tot geblieben!

Ostern

Ostern! Hättest du gedacht, dass dies das wichtigste Fest der Christen ist, noch wichtiger als Weihnachten? Schon in der Nacht vor Ostern und am frühen Morgen, wenn es noch ganz dunkel ist, werden die Osterfeuer vor den Kirchen angezündet. Die Leute versammeln sich um das Feuer. Dann singen sie und gehen in die Kirche. Erst ist es ganz dunkel, dann werden immer mehr Kerzen angezündet, damit es hell wird in der Nacht. Die Kirche ist geschmückt mit Blumen. Und die Orgel spielt wieder.

Der Grund für alles: Gott hat Jesus aus dem Todesschlaf aufgeweckt. Jesus lebt weiter, aber nicht so wie wir. Dazu gibt es eine schöne Geschichte: Maria, eine Freundin von Jesus, wollte das Grab von Jesus sehen. Ganz traurig ging sie dorthin, aber das Grab war leer. Maria wunderte sich. Doch auf einmal sah sie Jesus vor sich. Aber weil er ganz anders aussah, konnte sie ihn nicht gleich erkennen. Jesus redete sie an. Und auf einmal wusste Maria: Jesus ist gar nicht mehr tot, sondern lebt!
Kannst du dir vorstellen, wie glücklich sie war?

Ostern heißt auch: Nach dem langen Winter wird es wieder Frühling. Hier und dort spitzen schon die ersten Narzissen und Grashalme aus der Erde. Und die Bäume treiben Knospen.
In den Geschäften wimmelt es von Osterhasen, auch Schokoladen-Ostereier gibt es überall zu kaufen. Und bestimmt suchst du auch am Ostersonntag dein Osternest.
Manche Familien treffen sich am Ostersonntag-Morgen zu einem leckeren Osterfrühstück. Dann gibt es Osterlämmer aus Kuchenteig, gefärbte hart gekochte Eier, Schinken und Osterbrot. Oft wurden die Speisen in die Kirche mitgenommen und am Ende des Oster-Gottesdienstes gesegnet.

Ostermontag

Der Ostermontag erzählt uns die Geschichte von Emmaus: Zwei Freunde von Jesus gingen miteinander nach Emmaus. Sie vermissten Jesus, der vor einigen Tagen gestorben war. Plötzlich kam ein Fremder zu ihnen und begleitete sie ein Stück. Sie fassten Vertrauen zu ihm und erzählten ihm, dass Jesus an einem Kreuz gestorben war. Abends aßen sie miteinander. Es gab Brot und Wein und der Unbekannte gab jedem ein Stück Brot. Da erkannten plötzlich die Freunde: Es war Jesus, der mit ihnen am Tisch saß. Jesus lebte – sie hatten ihn nur nicht gleich erkannt! Nun waren die beiden wieder froh und erzählten es allen Freunden weiter.

Christi Himmelfahrt

Im Himmel ist es schön, sagen viele Leute. Dort ist es hell, dort ist die Sonne und viel Licht. Dort wohnt Gott, sagen sie. In alten Kirchen kannst du Bilder sehen, auf denen Jesus auf einer Wolke nach oben in den Himmel schwebt. Das hat mit dem Fest Christi Himmelfahrt zu tun, das wir 40 Tage nach Ostern feiern.

Wenn wir sagen, dass Gott im Himmel wohnt, heißt das aber nicht, dass wir Gott hinter allen Wolken sehen könnten. Jesus fährt zum Himmel heißt: Jesus wollte dort bei Gott, seinem Vater, sein, um von da aus den Menschen nahe zu sein. Vorher hatte Jesus seinen Freundinnen und Freunden versprochen: „Ich bleibe immer bei euch, auch wenn ihr mich nicht mehr sehen könnt. So wie ihr das Licht der Sonne aus dem Himmel spüren könnt, könnt ihr mich immer ganz nah aus dem Himmel spüren."

Pfingsten

Sieben Wochen nach Ostern feiern wir Pfingsten. Dieses Fest hat viel mit dem Heiligen Geist zu tun. Du kennst schon Gott und Jesus – aber was ist der Heilige Geist?
Als Jesus fort war, fürchteten sich die Freunde und Freundinnen von Jesus sehr. Sie versteckten sich und wussten nicht, was sie ohne ihn machen sollten. Auf einmal kam ein Sturm wie bei einem Gewitter. Doch die Freunde spürten plötzlich keine Angst mehr! Der starke Wind erfrischte sie und sie fühlten ihre Kraft wieder wachsen. Sie wurden mutig und liefen aus ihrem Versteck. Mit Begeisterung erzählten sie allen Leuten von Jesus: Wie er ihnen geholfen hat und wie er sogar den Tod besiegt hat. Der Sturm, das war der Geist Gottes, der über die Freunde von Jesus hinwegfegte und sie durchströmte. Und wir können sicher sein: Der Geist Gottes kommt auch zu uns und macht uns Mut.

Spätestens an Pfingsten ist das Wetter endlich schön geworden. Die Wiesen sind grün, die Bäume haben wieder Blätter. Eine besonders schöne Blume trägt sogar den Namen von Pfingsten: die Pfingstrose. Bekommst du da nicht auch Lust, wieder gemeinsam mit Mama, Papa und der ganzen Familie einen Ausflug zu machen und die Natur zu genießen?

Fronleichnam

Zehn Tage nach Pfingsten feiern die katholischen Christen ein Fest mit einem seltsamen Namen: Fronleichnam. Dieses merkwürdige alte Wort bedeutet: der Leib des Herrn. An diesem Tag wird Gottesdienst nicht in der Kirche, sondern draußen gefeiert. Die Menschen versammeln sich und machen mit dem Pfarrer eine Prozession, das ist ein feierlicher Umzug um die Kirche herum, durch den Stadtteil oder das ganze Dorf. Die Erstkommunionkinder dürfen dazu noch einmal ihre Festkleider anziehen und Blumen auf den Weg streuen. Der Pfarrer

trägt in einem goldenen Gefäß das heilige Brot. Über ihm ist ein fein besticktes Tuch gespannt wie ein Zelt. Beides, das Gefäß und das Zelt, zeigen, wie kostbar dieses Brot für Christen ist. Es ist das Zeichen für Jesus, der dadurch immer bei uns ist.

Maria Himmelfahrt

Am 15. August ist der Sommer bald schon vorbei, aber oft ist es noch sehr heiß. Viele Kinder sind mit ihren Eltern in den Ferien. Draußen vor der Stadt wachsen Sommerblumen und Kräuter auf den Wiesen. Das Obst wird reif. An diesem Tag feiern die katholischen Christen Maria Himmelfahrt.
Maria war eine besondere Frau, denn sie war die Mutter von Jesus. Sie hatte Jesus bis zu seinem Tod nicht allein gelassen, und auch jetzt ist sie bei ihm. Das meinen wir, wenn wir an Maria Himmelfahrt sagen: Sie ist gleich nach ihrem Tod zu Jesus in den Himmel gefahren.

Viele Christen mögen Maria sehr gern. Sie sagen: Maria ist wie eine Mutter für mich.
Es gibt viele Marienfeste im Kirchenjahr, außer Maria Himmelfahrt kannst du auf den Bildern drei weitere Feste entdecken: Maria Verkündigung am 25. März, als der Engel Maria die Nachricht brachte, dass sie die Mutter von Jesus werden würde. Maria Heimsuchung am 2. Juli: Der Gedenktag mit diesem altertümlich klingenden Namen erinnert an den Besuch Marias bei ihrer Cousine Elisabet, die ebenfalls ein Kind erwartete. Und am 8. September feiern wir Marias Geburtstag.

Erntedank

Allmählich wird es Herbst. Die Tage werden kürzer und die Blätter leuchten in allen Farben. Die Bauern haben die Ernte unter Dach und Fach. Auf dem Markt findest du jetzt Äpfel, Birnen, Paprika, Nüsse, Kartoffeln und Kürbisse, alles frisch geerntet von den Feldern und aus den Obstgärten.
In dieser Zeit kannst du mit deiner Familie viele Volksfeste, Weinfeste und Ernteumzüge besuchen.
Schon immer und in verschiedensten Religionen haben Menschen das Bedürfnis gehabt, Gott für die Ernte zu danken. Am ersten Sonntag im Oktober feiern wir Christen Erntedank.

Wenn du dich am Erntedanksonntag in einer Kirche umsiehst, findest du auch dort die schönen Dekorationen aus Getreide und Früchten. Wo normalerweise nur Blumen stehen und feierlicher Weihrauchduft in der Luft hängt, liegen Strohballen, Kartoffeln und Gemüse auf den Altarstufen und Zwiebeln verströmen ihren Duft.

An Erntedank zeigen wir: Wir freuen uns über Gottes gute Gaben und sind dankbar dafür. Wir vertrauen ihm, dass er immer für uns sorgt. Auch im Vaterunser, dem wichtigsten Gebet aller Christen, wünschen wir uns: „Unser tägliches Brot gib uns heute!“
Christen gibt es überall auf der ganzen Welt. Alle Feste, die du hier schon kennen gelernt hast, feiern Menschen auch in Afrika, Asien und Südamerika. Obwohl die Menschen dort natürlich oft ganz anders aussehen und reden als bei uns und sie andere Bräuche mögen als wir.

Ende Oktober, am Missionssonntag, erinnern wir uns im Gottesdienst und durch viele Aktionen daran, dass es überall auf der Welt christliche Gemeinden gibt. Es ist spannend, die Christen anderer Länder kennen zu lernen, und es ist wichtig, einander zu helfen. Bestimmt hast du schon im Fernsehen gesehen, dass Menschen in anderen Ländern Not leiden müssen, z.B. nach Überschwemmungen oder langen Trockenzeiten oder im Krieg. Auch damit beschäftigen wir uns an diesem Tag.

Allerheiligen

Ende Oktober beginnt endgültig die dunkle Jahreszeit. Das Wetter kann jetzt richtig scheußlich sein. Manchmal geht der Nebel den ganzen Tag nicht mehr weg und alles sieht grau aus. Dann wird auch die Stimmung der Leute trüb. Sie denken an Abschied und an die Menschen, die gestorben sind.
Trotzdem gibt es für uns in dieser ungemütlichen Jahreszeit einen guten Grund zum Feiern: Allerheiligen.
Weißt du, wann du Namenstag hast? An jedem Tag des Jahres wird nämlich einer oder werden mehrere bestimmte Heilige gefeiert. Am 1. November, dem Allerheiligenfest, aber denken die katholischen Christen an alle heiligen Kinder, Frauen und Männer zusammen. Wir glauben, dass diese Menschen schon bei Gott sind. Und sie lassen uns hoffen, dass auch wir eines Tages zu Gott kommen.
Bestimmt hast du schon von Heiligen gehört, von Barbara und Martin, von Johannes und Klara, und von vielen, vielen mehr. Heilige sind gläubige Frauen und Männer, die ganz besonders von Jesus beeindruckt waren. Wie er wollten sie den Menschen helfen und sie trösten. Oft hatten sie Feinde und wurden grausam getötet. Aber Jesus hat sie zu sich in den Himmel geholt.

Allerseelen

Warst du schon einmal an Allerheiligen auf dem Friedhof? An diesem Tag sind viele Leute unterwegs, die die Gräber ihrer Familien besuchen. Oft geht der Pfarrer mit und segnet die Gräber. Eigentlich ist aber der katholische Totengedenktag erst am Allerseelentag, das ist am 2. November. An diesem Tag denken die Menschen an Oma, Opa, Tanten, Onkel und alle Freunde, die schon gestorben sind. Auf den Friedhofsgräbern leuchten bis spät in die Nacht rote Grablämpchen. Ein Zeichen dafür, dass die Menschen, die schon gestorben sind, nicht vergessen sind. Wir glauben, dass die Menschen mit Jesus im Himmel weiterleben.

St. Martin

Alle Kinder lieben St. Martin, wir feiern ihn am 11. November. Im Kindergarten haben die Kleinen schon vorher schöne Laternen gebastelt. Mit denen ziehen sie, wenn es dunkel wird, durch die Straßen und singen Lieder.
An manchen Orten wird besonderes Gebäck gebacken: Martinsbrezeln und Weckmänner, die die Leute an die Kinder verschenken. Und sicher hast du auch schon von der Martinsgans gehört.
Kennst du die Geschichte von St. Martin? Sieh dir das Bild genau an – fällt dir wieder ein, wie Martin dem armen Bettler geholfen hat?

Ende des Kirchenjahres

Nach dem Martinstag dauert es nur noch wenige Wochen, bis das Kirchenjahr zu Ende geht. Bald ist 1. Advent und ein neues Kirchenjahr beginnt. Der letzte Sonntag im Kirchenjahr heißt Christkönigssonntag, eine Erinnerung daran, dass Jesus Christus für uns wie ein guter König ist: Er herrscht über das Jahr und darüber hinaus bis in alle Ewigkeit.

Viele wichtige Feste und Tage des Kirchenjahres hast du kennen gelernt. Welche Feste kennst du noch? Vielleicht feierst du in deiner Familie noch andere Feste? Und gibt es dafür besondere Bräuche? Sicher fällt dir noch vieles ein.

Lieber Gott
Du hast die Welt gemacht und alles, was auf ihr lebt.
Jeder Tag und jedes Jahr ist von dir geschenkt.

Sei immer bei mir,
wenn ich in den Kindergarten oder in die Schule gehe,
wenn ich mit meinen Freunden spiele
und wenn ich mit meinen Eltern und meinen Geschwistern ein schönes Fest feiere.

Jeder Tag und jedes Jahr ist von dir geschenkt,
darüber freue ich mich und danke dir. Amen.

Inhalt

Martina Špinková ist Malerin, Grafikerin und erfolgreiche Kinderbuch-Illustratorin. Sie lebt mit ihrem Mann und sieben Kindern in Prag.

Esther Hebert, Theologin, ist Lektorin in einem Sachbuchverlag für Katechese und Spiritualität.

Gesa Rensmann, Grundschullehrerin, ist Lektorin in einem Sachbuchverlag für Frühpädagogik.

2. Auflage 2004 / ISBN 3-7698-1383-9

Umschlag: Margret Russer
Umschlaggrafik: Martina Špinková
Satz: Milan Job – DTP Studio
Produktion: PBtisk, GmbH

Gedruckt in Tschechien.